ネットで採点
和声学課題集

II

清水昭夫（執筆責任）／佐藤昌弘／久行敏彦／山田武彦 著

音楽之友社

はじめに

本書は、洗足学園音楽大学が運営する音楽学習サイト「**洗足オンラインスクール・オブ・ミュージック**」において開発している和声学学修支援システム「**和声の祭典**」と連動した和声学課題集である。

『和声学課題集Ⅰ』ではV_7の和音までを扱ったが、それに続きII_7、V_9の和音、ドッペルドミナント諸和音に加え、準固有和音やⅣの付加音を学ぶ。

本書は『和声 理論と実習（Ⅰ〜Ⅲ）』（音楽之友社）におけるⅠ〜Ⅱの内容を中心とし、一部にⅢの内容を含んでいる。『和声学課題集（Ⅰ〜Ⅱ）』の2巻で、大学などにおける和声学の授業約2年分相当の内容となる。

和声学は古典派から初期ロマン派頃の書法を体系的に学ぶための学問だが、そのテクニックの汎用性は広く、あらゆる音楽ジャンルに発展し、応用されている。合唱やオーケストラはもちろんのこと、さまざまな編成の音楽においてその声部書法は活かされており、またカデンツの概念はジャズをはじめ、ロックやポップスにいたるまで作曲、編曲には不可欠な論理体系である。このように和声学が創作の可能性を追求していく学問であることはもちろんだが、創作以外の分野においても旋律の表現方法や和音変化による音楽的な効果を体得することへつながるだろう。

本書および採点システムにより和声学が身近な学問となること、そして新たな音楽教育の可能性を切り開くことにより、音楽文化の発展に寄与できれば幸いである。

2018年3月
洗足オンラインスクール・オブ・ミュージック
校長　清水 昭夫（執筆責任）

本書の使い方

前述のように『和声 理論と実習（Ⅰ〜Ⅲ）』などのテキストを用いて学んでいることを想定しているため、和声理論の解説に関しては必要最低限の情報にとどめている。したがって、学習者は独学にせよ集団授業にせよ、本書以外での理論修得環境があることが望ましい。補足が必要な部分には、『和声 理論と実習（Ⅰ〜Ⅲ）』や『総合和声』（音楽之友社）の参照ページが示してあるので、参考にして欲しい。

全体は、**第1部 $Ⅱ_7$の和音、第2部 $Ⅴ_9$の和音、第3部 和音の変化、第4部 ドッペルドミナント、第5部 その他の和音、第6部 付録** からなり、それぞれの項目について多くの課題を用意している。すべての課題を実施せずとも充分に理解できている場合には、その項目を修得したと考えて先へ進んでも良い。

教師は授業の際、学習者に適切な課題を指定して実施させ、また宿題とすると良い。学習者がインターネット上の採点システムを利用すれば、規則を理解する近道となるだろう。これにより、教師は禁則などを指摘することから解放され、より音楽的な内容を指導する時間を得ることができる。

本書の特徴

『和声 理論と実習（Ⅰ〜Ⅲ）』などのテキストとは異なり、早い段階からソプラノ課題を導入している。さまざまな長調、短調も取り入れており、多くの調に慣れること、そして移調する力の育成に重点を置いている。

本書の解説はハ調を基本とし、例えばDoは音名としてのDo（ハ音）と階名としてのDo（主音）を示すが、本書のDo, Re, Mi表記は長音階における階名と考えるのが良い（和声学においては短調の主音もDoと考えるのがわかりやすい）。

本書には模範解答を用意していない。解答が一通りということはないし、模範解答が真に音楽的かどうかは人によって感じ方が異なる。修得段階における〈真の解答〉とは、禁則を含まず、かつ学習者が美しいと感じる連結であると考える。

なお、課題はすべてが8小節、2／2拍子である。他の拍子による音楽上の変化については、他の書籍や授業での解説に委ねる。

目次

はじめに ———————————————— 2
本書の使い方／本書の特徴 ———————— 3
和声学学修支援システム「和声の祭典」———— 6

第1部　II_7の和音

基本形、第1転回形を含む連結 ———————— 8
 導入練習① ———————————————— 9
 課題①ハ長調 ——————————————— 10
 課題②さまざまな長調 —————————— 11
 課題③さまざまな短調 —————————— 12

第2転回形、第3転回形を含む連結 ————— 13
 課題④ハ長調 ——————————————— 14
 課題⑤さまざまな長調 —————————— 15
 課題⑥さまざまな短調 —————————— 16

ソプラノ課題 ————————————————— 17
 導入練習② ——————————————— 19
 課題⑦ハ長調 ——————————————— 20
 課題⑧さまざまな長調 —————————— 21
 課題⑨さまざまな短調 —————————— 22

第2部　V_9の和音

基本形、および
すべての転回形を含む連結 ————————— 24
 導入練習③ ——————————————— 25

長調のV_9における根音省略形 ——————— 26
 導入練習④ ——————————————— 27
 課題⑩ハ長調 ——————————————— 28
 課題⑪ハ長調（ソプラノ課題）—————— 29
 課題⑫さまざまな長調 —————————— 30
 課題⑬さまざまな長調（ソプラノ課題）— 31

短調のV_9における根音省略形 ——————— 32
 導入練習⑤ ——————————————— 33
 導入練習⑥ ——————————————— 33
 課題⑭ハ短調 ——————————————— 34
 課題⑮ハ短調（ソプラノ課題）—————— 35
 課題⑯さまざまな短調 —————————— 36
 課題⑰さまざまな短調（ソプラノ課題）— 37

第3部　和音の変化

長調における変化 —————————————— 40
 導入練習⑦ ——————————————— 41

短調における変化 —————————————— 42
 導入練習⑧ ——————————————— 43

IVの付加音 ————————————————— 44
 導入練習⑨ ——————————————— 45
 課題⑱ハ長調とハ短調 —————————— 46
 課題⑲さまざまな長調 —————————— 47
 課題⑳さまざまな長調（ソプラノ課題）— 48
 課題㉑さまざまな短調 —————————— 49
 課題㉒さまざまな短調（ソプラノ課題）— 50

基本形、第1転回形を含む連結 — 52
　導入練習⑩ — 54
　課題㉓ハ長調 — 55
　課題㉔さまざまな長調 — 56
　課題㉕さまざまな短調 — 57

第2転回形、第3転回形、
および下方変位を含む連結 — 58
　導入練習⑪ — 60
　課題㉖ハ長調 — 61
　課題㉗さまざまな長調 — 62
　課題㉘さまざまな短調 — 63

九の和音とその準固有和音 — 64
　導入練習⑫ — 65
　課題㉙ハ長調 — 66
　課題㉚さまざまな長調 — 67
　課題㉛さまざまな短調 — 68

ソプラノ課題 — 69
　導入練習⑬ — 71
　課題㉜ハ長調 — 72
　課題㉝さまざまな長調 — 73
　課題㉞さまざまな短調 — 74

第4部 ドッペルドミナント

第5部 その他の和音

副七の和音 — 76
ドリアのⅣ — 78
　導入練習⑭ — 79
　課題㉟さまざまな長調 — 80
　課題㊱さまざまな短調 — 81

第6部 付録

さまざまな課題について — 84
補充課題 — 85
さまざまな形態の課題
　両外声課題 — 97
　両内声課題 — 98
　アルト課題 — 99
　テノール課題 — 100

Mini Column

Ⅱ₇の魅力 — 19
属九の和音 — 32
準固有和音とピカルディーの3度 — 43
ナポリの6、ナポリのⅡ — 45
ドッペルドミナントの音楽表現 — 54
増6の和音を多用しすぎると… — 71

索　引 — 101
共著者より — 102
著者略歴 — 103

洗足オンラインスクール・オブ・ミュージック 和声学学修支援システム「和声の祭典」

「**洗足オンラインスクール・オブ・ミュージック**」の和声学学修支援システム「**和声の祭典**」では、すべての課題について、ネットを通じて、以下の機能を無料で提供している。

1　自動採点機能：解答を100点満点で評価する。
2　連結判定機能：解答の禁則や不適切な配置・連結などを指摘する。
3　再生機能：解答をピアノの音で再生する。
4　長調・短調の入れ換え機能：同一課題において、長調と短調を入れ換える。
5　解答の保存・再現機能：同時に3課題までの解答を保存・再現する。

洗足オンラインスクール・オブ・ミュージック
http://www.senzoku-online.jp/

和声学学修支援システム「和声の祭典」
http://www.senzoku-online.jp/wasei/

「和声の祭典」QRコード

「和声の祭典」トップページ

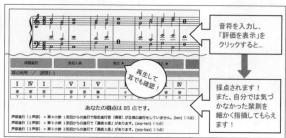
課題の実施ページ

詳細は変更となる場合もあるため、「和声の祭典」トップページ下部より このシステムについて　利用方法　採点の詳細 などを参照のこと。

第1部

II_7 の和音

基本形、第1転回形を含む連結

第7音の予備と限定進行

II_7 の第7音は、先行和音から保留されて到達しなければならない。これを、第7音の**予備**という。また、第7音は下行限定進行音であり、導音へ2度下行、または保留する。

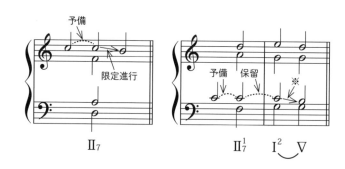

連結

II_7 の先行和音は II と同様でトニック（T）の I、VI、サブドミナント（S）の IV である。なお II から II_7 には進行できない。

後続和音はドミナント（D）諸和音（V、V_7 とその転回形）、または $I^2\ V$ である。

連結の際は先行和音より第7音を予備し、第7音を下行、または保留する。

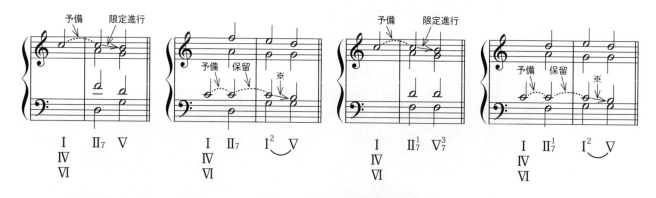

※II_7 から I^2 へ進行する場合、第7音を保留した結果 I^2 の根音となるため限定進行音ではないと考えることもできるが、後続和音への進行にあたっては下行するのが望ましい。I^2 は V の倚和音と考えられるからである。（参考資料『総合和声』229頁）

POINT!

II_7 では、II のように後続和音への連結に際して根音を導音に下行させることはない。Re-Si は II（三和音）の特徴である。

基本形

すべての構成音を用いる形（① ②）、および第5音を省略した形（③ ④）を用いる。高音位や配分に制限はない。
① ③ は第7音高位の密集配分、② は第3音高位の開離配分、④ は根音高位の開離配分の例である。

③ ④ のように第5音を省略した形を用いる場合、ふつう根音を重複する。特別な事情のない場合はすべての構成音を用いるのが良い。

バスが Do-Re と進行して II_7 を用いる場合、連続5度に注意する必要がある（⑤ ⑥）。ただし、短調の場合は後続の5度が減5度となるため、連続5度は生じない。

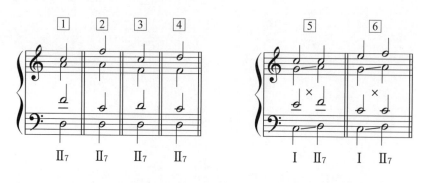

右のように根音を重複するなどして連続5度を
回避することができる。

🎼 第1転回形

すべての構成音を用いた配置を使用する。第3音高位以外のすべての高音位を用い、配分に制限はない。
バスがMi-Faと進行してII_7^1を用いる場合、⑤のように連続5度が生じることがあるが、⑥のように保留声部
を入れ替えるなどして連続5度を回避することができる。

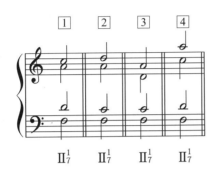

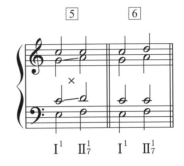

🎼 発　展

II_7に第5音高位を用いたり、先行和音から配分転
換を用いたりすることで、旋律線に動きを与える
ことが可能である。一例を示す。

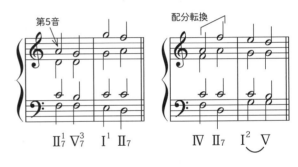

導入練習 ①

《 配置の練習 》あらかじめ配置された音と和音設定から考えられる連結を書きなさい。

〈解答例〉

課題 1　ハ長調

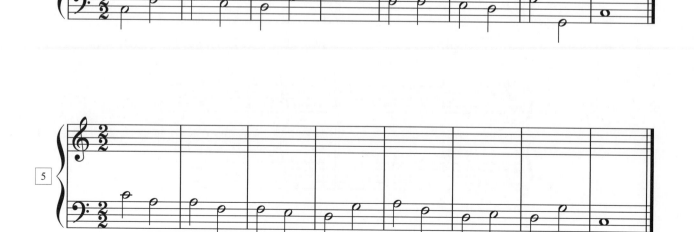

課題 2 さまざまな長調

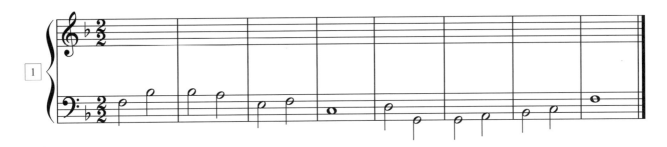

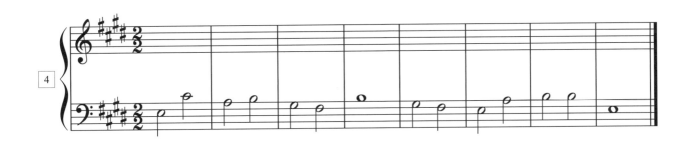

第1部　II_7の和音

課題 3 さまざまな短調

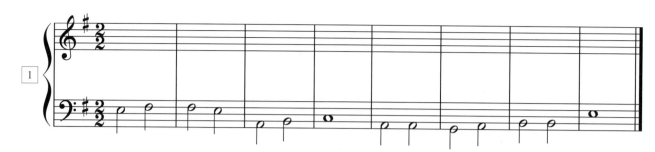

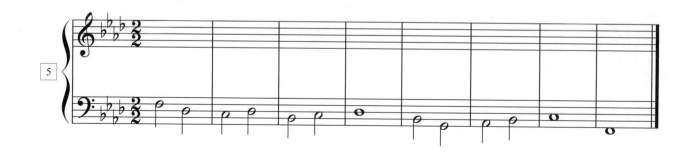

第2転回形、第3転回形を含む連結

第2転回形

すべての構成音を用いた配置を使用する。第5音高位以外のすべての高音位を用い、配分に制限はない。

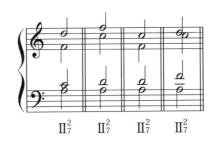

◆低音4度の予備

長調のII_7^2は、バスと根音が完全4度の関係となり低音4度を生じるため（①②）、どちらかの声部が保留して到達することが望ましい（③④）。

短調においてはバスと根音の関係は増4度となるため、予備を必要としない。

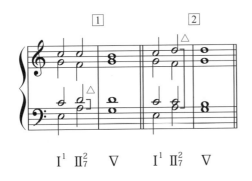 

※ バスに限り、オクターブ進行も予備とみなされる。

第3転回形

すべての構成音を用いた配置を使用する。第7音高位以外のすべての高音位を用い、配分に制限はない。

II_7^3はバスが第7音であり、先行和音からの連結に際し予備を必要とする。

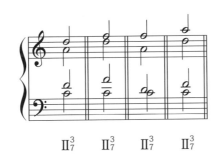 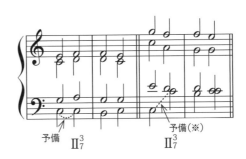

◆連続5度への注意

次のように、第5音が根音より上方に配置されているⅠから、II_7^3に進行すると連続5度が生じやすいので注意を要する。

短調の場合は後続の5度が減5度となるため、連続5度は生じない。

課題 4　ハ長調

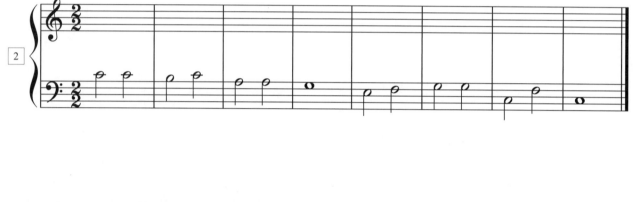

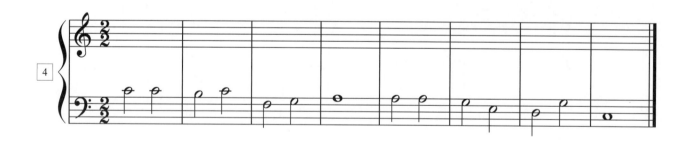

課題 5　さまざまな長調

第 1 部　II₇の和音

課題 6　さまざまな短調

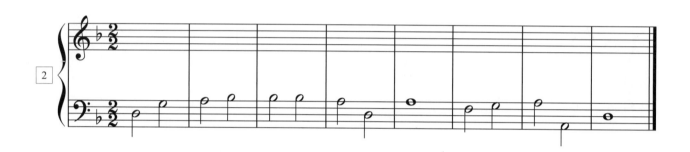
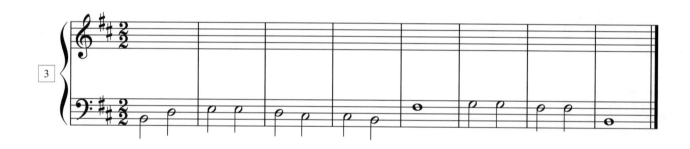

ソプラノ課題

課題実施の手順

基本的にこれまでのソプラノ課題の手順(『和声学課題集Ⅰ』42頁、75頁)と同様に実施するが、新たに「第3転回形の定型の判別」が必要となる。

1．終止の判別
2．終止の和声進行の設定
3．第2転回形の定型の判別
4．第3転回形の定型の判別（新しい手順）
5．ドミナント進行の解析
6．その他の和音設定
7．バスのラインの設定

◆第3転回形の定型の判別
次の旋律に対し、Ⅱ₇³ がよく用いられる。

この旋律に必ずしもⅡ₇³を設定しなければならないわけではない。次のような和音設定をすることも可能であり、和音設定の可能性は多岐にわたる。

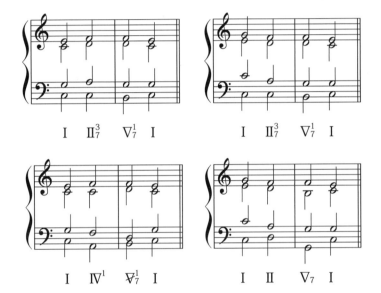

◆Ⅱ₇の和音の旋律線
手順6「その他の和音設定」において [S] の分析を行うが、[S]→[D] と進行する箇所の [S] にⅡ₇の設定を試みることができる。その際にⅡ₇が用いられる旋律線の例を示す。
なお、譜例のⅡ₇とⅤは転回形を用いることもでき、Ⅴは、半終止以外でⅤ₇とその転回形を用いうる。

POINT! Ⅱ₇の上3声に含まれる第ii音（Re）は下行せず、保留、または上行する。よってソプラノの第ii音が下行した場合はⅡ₇を設定することができない。

連結の可能性は極めて多く、すべての例を挙げることは困難だが、前掲の旋律線について連結の例を示す。

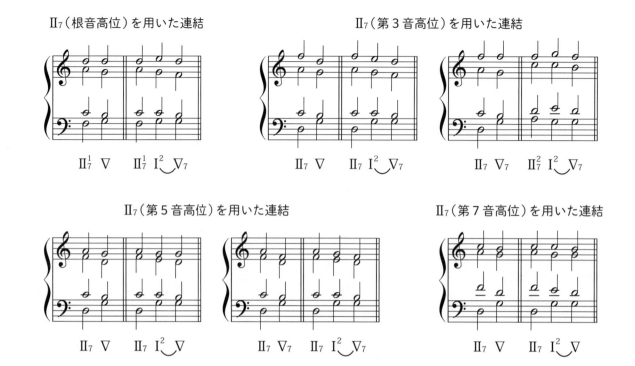

◆**連続5度への注意**

これまでⅡの［基］や［１転］からⅠ²へ進行した場合に連続5度が生じることがあり（①）、Ⅳを用いて回避できたが（②）、Ⅱ₇を用いて回避できることもある（③）。旋律と和声連結の新たな組み合わせの可能性を研究する必要がある。

II₇の魅力

　ベートーヴェンのピアノ・ソナタ35曲（選帝侯ソナタを含む）の第1楽章冒頭の和音を調べると、30曲がIで開始している。残り5曲のうち4曲までがVまたはV₇（副属七を含む）で開始し、そしてこれら34曲は第3小節目までにはIの和音が示され、調性が確定している。

　そのようななか、異彩を放っているのが第18番（op.31-3 Es dur）である。劈頭（へきとう）の3小節間ずっとII₇の和音が鳴り続け、さらに続く2小節間は減七の和音が鳴らされ、主和音は6小節目で出現する。ここまでの間、聴き手は自分の所在がわからないような気分を味わう。何故か。3小節間に鳴っているのは短七の和音で、これはdurならばII₇、III₇、VI₇に、mollならばI₇、IV₇に用いられる和音である。言い換えると、この和音が鳴った瞬間、聴き手の解釈の可能性は5つもあるのだ。そこまで専門的な知識を持っていない人が聴いたとしても、durなのかmollなのかさえも解らない。これがこの箇所の魅力なのかもしれない。

ベートーヴェン　ピアノ・ソナタ第18番　第1楽章

　もう一例、チャイコフスキー「弦楽セレナーデ」の第3楽章冒頭部分。主部に入る前に20小節間の序奏があり、5つのフレーズからなっている。うち4つまでがII₇の第3転回形で始まっており、これがまた魅力的。耳にやさしく、誰かがそーっと近づいてきて気づいたら隣に座っていたというような気分にさせる。つづいて5つ目のフレーズではIIの基本形が堂々と響く。II₇の魅力を大いに味わえる好例である。

チャイコフスキー　「弦楽セレナーデ」　第3楽章

《 配置の練習 》あらかじめ配置された音と和音設定から考えられる連結を書きなさい。

〈解答例〉

課題 8 さまざまな長調

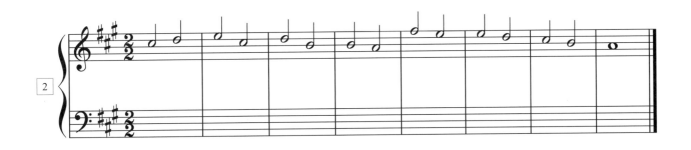

第1部 II₇の和音

課題 9 さまざまな短調

1.

2.

3.

4.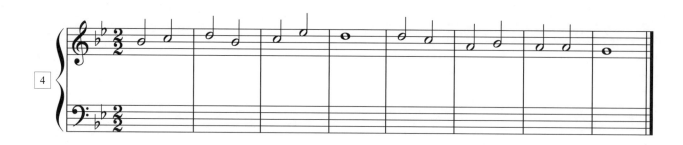

5.

第2部

∇_9の和音

基本形、およびすべての転回形を含む連結

七の和音に根音から9度上の音を加えることで九の和音となる。ここでは属音上の九の和音、「**属九の和音**」（V_9）を扱う。

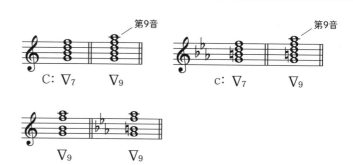

V_9は第3音、第7音、第9音は省略できないため、4声体では常に第5音を省略する。

配 置

V_9は［基］に加え転回形も用いるが、第5音を省略するため［2転］は使用できない。また第9音をバスに配置する［4転］は用いない。結果として［基］［1転］［3転］の3種の低音位を用いる。
V_9の配置には下記の制限がある。

1. 第9音は根音より9度以上上方に置かなければならない。

2. 長調の第9音は第3音より7度以上上方に置かなければならない。
   ただし第9音が予備されて到達する場合は下方に配置しても良い。
   なお、短調の第9音と第3音の関係に制限はない。

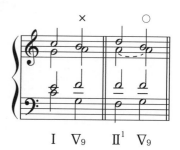

以上のように、V_9は配置の制限が多いため、用いられる配置が限られる。次にハ長調、およびハ短調での配置の例を示す。

ハ長調での配置例

第9音の予備がある場合はこの限りではない。

ハ短調での配置例

◆ 連　結

第9音は下行限定進行音となる。第3音、第7音についてはこれまで通りとなる。したがって、4つの構成音のうち3つが限定進行音である。
後続和音は必ずIまたはI^1となり、VIへは進行しない。
次にハ長調、およびハ短調での連結の例を示す。

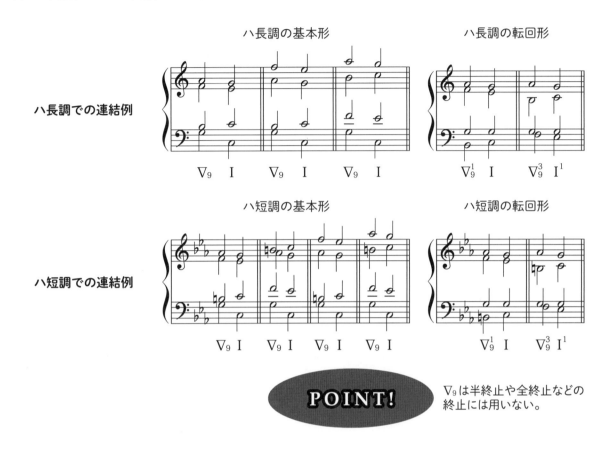

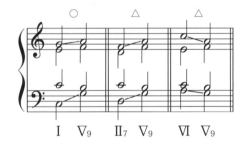

V_9は半終止や全終止などの終止には用いない。

◆ 並達9度

2声部が並行し、後続音程が9度の場合を**並達9度**という。
先行和音からV_9への連結における外声間の並達9度は、第9音が2度上行によって到達する場合以外は避けるほうが良い。

《 連結の練習 》あらかじめ配置された音と和音設定から考えられる連結を書きなさい。

〈解答例〉

長調のV_9における根音省略形

属九の和音は、属七の和音と同様に根音を省略した形、すなわち根音省略形($\overset{\triangledown}{V}_9$)で用いることがある。

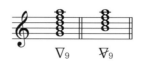

$\overset{\triangledown}{V}_9$は$VII_7$と同じ構成音となるが、$V$のグループとして扱われる(『和声学課題集Ⅰ』66頁「VII和音との違い」を参照)。

$\overset{\triangledown}{V}_9$は4つの構成音のすべてを用いる。根音が存在しないため、[1転][2転][3転]の和音が用いられる。なお、バスに第9音を配置する[4転]は用いない。

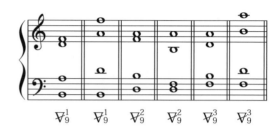

根音省略形を用いる理由

$\overset{\triangledown}{V}_9$の和音は比較的硬い響きだが、それは根音と第9音の響きが関係している。根音を省略することで9度の響きが解消され、やわらかい響きとなるため、根音を持つV_9に比べて用いられることが多い。

配 置

V_9と同様、第9音は第3音より7度以上上方に置かなければならない。ただし第9音が予備されて到達する場合は下方に配置しても良い。

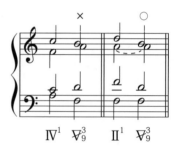

連 結

限定進行音の扱いはV_9と同様である。第3音と第9音の関係もV_9と同様に制限があるため、用いやすい連結は限られる。結果として[1転]は第7音高位(①②)、[2転][3転]は第9音高位(③〜⑤)が用いやすい。第9音への予備がある場合は、用いることのできる配置は格段に増える。

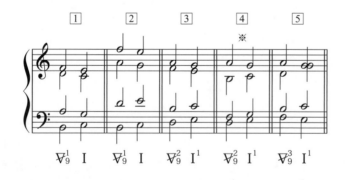

※ $\overset{\triangledown}{V}_9^2$において、このように第7音が第3音より下方にあるときは、2度上行することが許される。これにより後続和音に第3音を重複させないことができる。なお、③の場合に第7音を上行させると連続5度を生じるため、後続のI^1の上3声に第3音を含むことは致し方ない。

$\overset{\triangledown}{V}_9^2$は必ず$I^1$へ解決する。$I$へ解決すると第9音の解決とバスの進行により必ず連続5度を生じるためである。

◆ 連続5度への注意

第9音を第5音より上方に配置した場合、連続5度を生じやすいので注意を要する（ $\boxed{1}\boxed{3}$ ）。

連続5度を回避するために後続のⅠの第3音を重複することは許される（ $\boxed{2}$ ）。また内声の第5音がしばしば4度上行、もしくは5度下行して回避する（ $\boxed{4}$ ）。

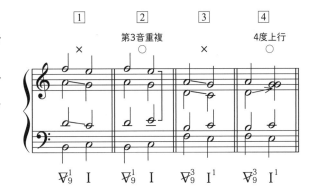

◆ 例外的な許容

先行和音から V_9^2 の連結において、外声間の並達5度は許容される（『和声 理論と実習』の規則）。

先行和音から V_9 の連結において、後続5度中に長調の V_9 の第9音を含む連続5度、並達5度は許容される（『総合和声』での規則）。

この規則によれば、上記の連結に加えて次の連結も許される。

本書は、『和声 理論と実習』と『総合和声』で規則が大きく異なる場合はその違いを示す。採点システムは原則として制約の少ないほうの規則に対応する。課題実施の自由度を高め、表現の可能性を追求できるようにするためである。

導入練習 ❹

《連結の練習》あらかじめ配置された音と和音設定から考えられる連結を書きなさい。

〈解答例〉

第2部　V_9 の和音

28

課題 10　ハ長調

課題 11　ハ長調（ソプラノ課題）

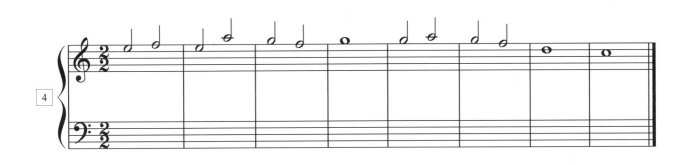

第 2 部　V_9 の和音

課題 12 さまざまな長調

1.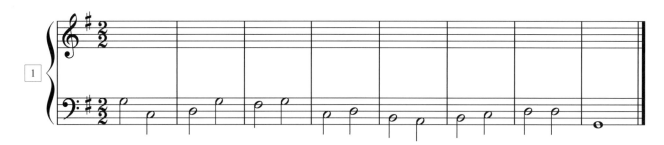

2.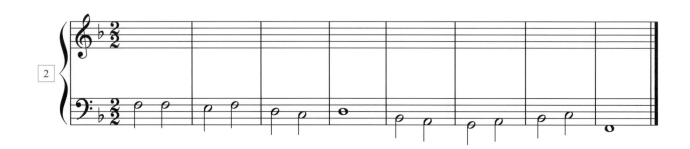

3.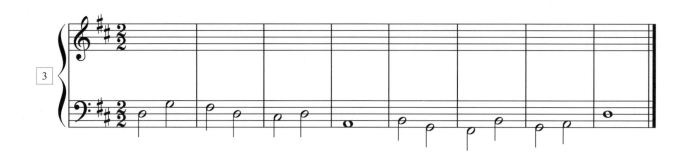

4.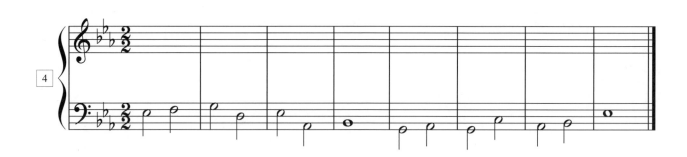

5.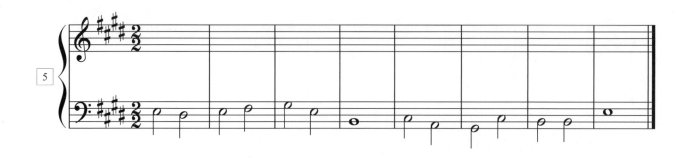

課題 13　さまざまな長調（ソプラノ課題）

第 2 部　V_9 の和音

短調の V_9 における根音省略形

短調の V_9 はほとんど長調と同様に考えれば良いため、長調との違いを述べる。

配 置

短調の V_9 では、第3音と第9音の関係に制限はないので、長調と比較して配置の可能性が格段に多い。基本的に、バスの音以外をソプラノとする密集、開離配分のすべてが可能である。

V_9^1 の配置例

V_9^2 の配置例

V_9^3 の配置例

Mini column 属九の和音

V_9 を用いたクラシック音楽の曲例は、フランスのロマン派や近代の作曲家の作品に多く見られる。その代表例としてしばしば筆頭に挙げられるのがロマン派時代のフランスの作曲家C.フランク（1822-1890）のヴァイオリン・ソナタ イ長調の第1楽章の冒頭である。7小節間にもわたり V_9 の基本形、および第2転回形が用いられる。はじめはピアノだけで、5小節目からはヴァイオリンも加わって続く。一度聴いたら忘れられない印象的な開始であり、典雅な魅力を湛えている。フランクは生涯にヴァイオリン・ソナタを1作しか残さなかったが、このジャンルの最高傑作との呼び声高く、豊かな和声手法に富んだ名曲として広く知られており、同曲のヴァイオリンパートをフルートパートに直したフルート・ソナタもよく演奏される。

フランク ヴァイオリン・ソナタ イ長調 第1楽章

V_9 を用いたもうひとつの著名な例として、近代フランスの作曲家C.ドビュッシー（1862-1918）のピアノ作品、「2つのアラベスク」第1番を挙げたい。作品冒頭で両手にわたる3連符のアルペジオが美しく紡がれていき、5小節目で V_9 のアルペジオにいったん落ち着いてから新たな旋律に受け継がれていく。左右の手で織り成されるアルペジオの優雅な曲線が魅力的で、大変印象深い。

ドビュッシー 「2つのアラベスク」第1番

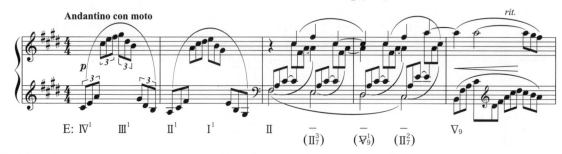

連 結

短調の V_9^2 では、第7音が第3音より下方にあるときは常に2度上行することが許される。これにより後続和音に第3音を重複させないことができる（1 2）。第7音が第3音より上方にあるときは必ず連続5度を生ずるため不可である（3）。

◆**連続5度への注意**

第9音を第5音より上方に配置した場合、長調と同様に連続5度を生じやすいので注意を要する（27頁）。ただし減七の和音である V_9^3 から I^1 への連結に際して内声間に生ずる連続5度は許容される（『総合和声』での規則）。

この許容を利用して、1のように後続 II_7 の旋律に動きを与えることができる。2のように第5音を属音へ下行させて連続5度を回避することもできるが、その場合は予備の関係から旋律線は限られる。

導入練習 5

《 連結の練習 》あらかじめ配置された音と和音設定から考えられる連結を書きなさい。

〈解答例〉

導入練習 6

《 連結の練習 》あらかじめ配置された音と和音設定から考えられる連結を書きなさい。

〈解答例〉

課題 14　ハ短調

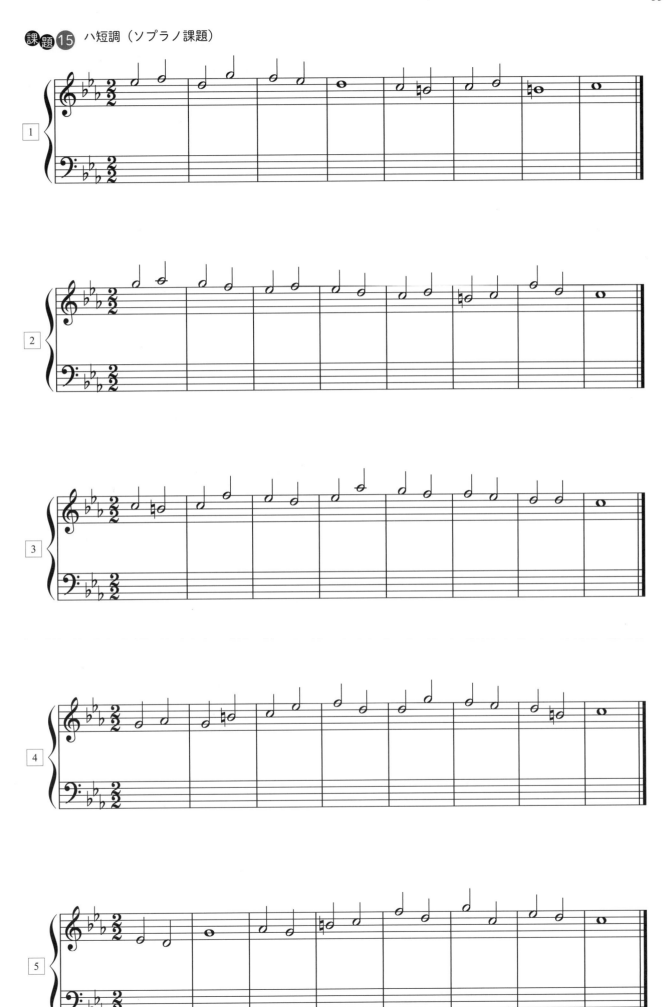

課題 16 さまざまな短調

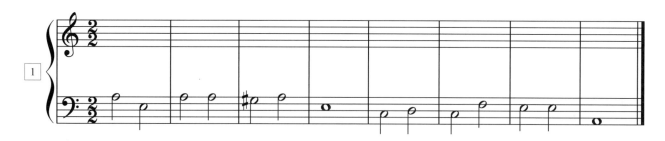

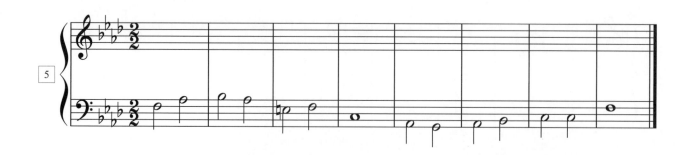

課題 17　さまざまな短調（ソプラノ課題）

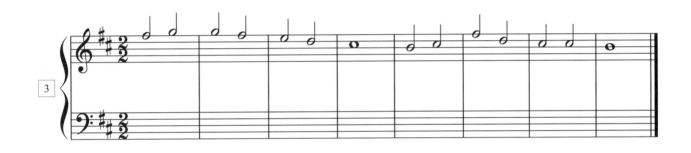

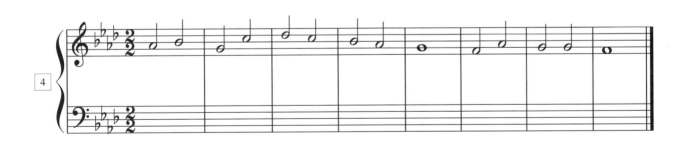

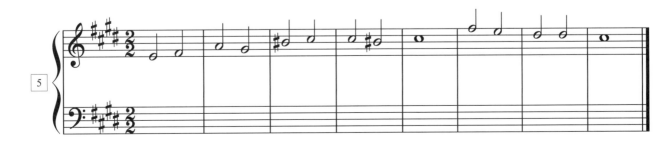

第 2 部　V_9 の和音

第4部

ドッペルドミナント

基本形、第1転回形を含む連結

属調のⅤ諸和音が、主調においてK2（[T][S][D][T]）の[S]和音として用いられることがある。これを**ドッペルドミナント**といい、$\mathord{\overset{\mathtt{v}}{\mathrm{V}}}$と記す。記号の上のvは、属調からの借用であることを示す。まず$\mathord{\overset{\mathtt{v}}{\mathrm{V}}}$の三和音と七の和音、および七の和音の根音省略形について、ハ長調とハ短調の構成音を記す。

属調での表記

$\mathord{\overset{\mathtt{v}}{\mathrm{V}}}$の三和音、および七の和音の構成音は長調、短調ともに同じである。違いは短調では第vi音に臨時記号が付くことであるが、配置や連結は原則的に長調、短調とも同様に考えれば良い。

🎼 基本形と第1転回形

◆配　置

属調におけるⅤ諸和音として考え、配置する。
［基］と［1転］の配置例を示す。

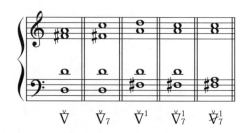

◆連　結

$\mathord{\overset{\mathtt{v}}{\mathrm{V}}}$諸和音は属調のⅤ諸和音と同じように考える。すなわち限定進行音の扱いは同じで第3音は上行限定進行音、第7音は下行限定進行音となる。

$\mathord{\overset{\mathtt{v}}{\mathrm{V}}}$諸和音が属調におけるⅤ諸和音として正しく解決した例を示す。

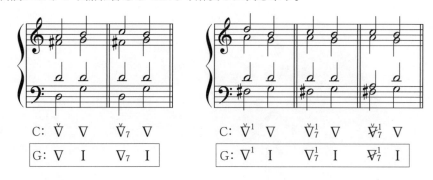

◆限定進行音の例外解決

$\mathord{\overset{\mathtt{v}}{\mathrm{V}}}$諸和音における第3音は、後続のⅤ諸和音の第7音へ進行するため、増1度進行が許される。

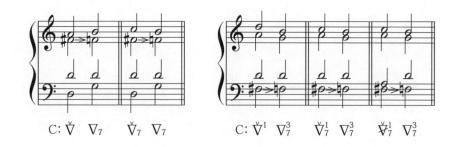

◆後続和音への連結

$\mathord{\overset{\mathtt{v}}{\mathrm{V}}}$諸和音は属調のⅤ諸和音であるため、[D]へ進行しようとする力がⅡやⅣより強く、ドミナント諸和音（$\mathrm{I}^2_{}\mathrm{V}$を含む）に進行する。したがって、他の[S]に進行させないのが一般的である。

$\mathord{\overset{\mathtt{v}}{\mathrm{V}}}$諸和音の連結の可能性は無数であるため、ここでは長調の$\mathord{\overset{\mathtt{v}}{\mathrm{V}}}_7$における第7音高位による一例のみを示す。

[基]の連結

V̌諸和音の[基](①②)だけでなく、[2転](③④)[3転](⑤)にも進行できる。

[1転]の連結

V̌諸和音の[基](①②)[3転](③④)に進行できる。

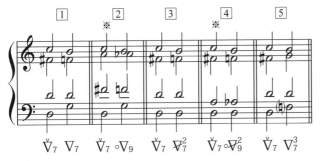
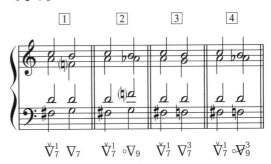

※V̌₉の諸和音に進行する場合、V̌₇にすべての構成音を用いると良い。

I²V に進行する連結

第7音を保留する。この場合、II₇と同様の理由で保留された第7音は下行することが望ましい(8頁「連結」を参照)。[基]からの連結例を示す。

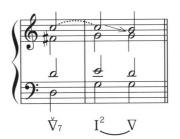

◆先行和音からの連結

先行和音はK2における[T]のI、VIに加え、II₇を含む[S]のすべてが可能である。[S]からの連結では対斜に注意が必要である(①)。V̌諸和音は属七の和音と同様に第7音の予備は不要である(②)。連結では並達5度や連続5度を生じやすいので注意を要する(③④)。

◆例外的な許容

V̌諸和音からV̌₇³(①)や、V̌諸和音[1転]からV̌₇(②)において生じる対斜は許容される。また、これらの際に生じる低音2度も許容される。

先行和音からの連結に際して、V̌諸和音の第3音に達する内声の増2度進行は許容される。ただし増2度進行した声部は後続和音への進行で2度上行しなければならない。

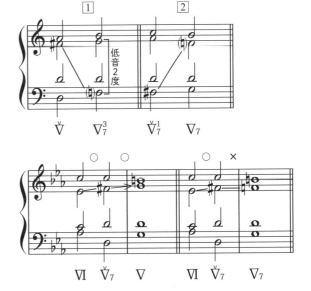

『総合和声』(77頁)によれば「転調連結における増2度上行は許容される」とあり、V̌諸和音など他調への和音進行では、声部の区別なく増2度進行が許されている。とはいえバスやソプラノでの増2度進行は違和感を感じる場合もあり、学習者の耳で判断すべきところである。

導入練習 ❿

《配置の練習》あらかじめ配置された音と和音設定から考えられる連結を書きなさい。

〈解答例〉

Mini Column ドッペルドミナントの音楽表現

　属調の属和音が歴史上いつ頃から使用されてきたのかを検証することは難しいが、13世紀頃から現れた全音階組織のなかの半音階的な音高の変更である「ムジカ・フィクタ」「ムジカ・ファルサ」といったものが含まれるハーモニーが、やがて長調、短調といった調性が使用されるようになった17世紀以降の音楽のなかで$\tilde{V}$として使用される和音とその響きが類似していると指摘できよう。一例を挙げれば、3声のポリフォニー声部の構成音がLa-Do-Faという響きからSol-Si-Solと移り変わる際に先行のFaが半音高められてLa-Do-Fa♯となるといった具合である。

　終止形のうち全終止のなかで属和音の前に置かれる「サブドミナント」にあたる和音の種類が豊富であることは、音楽の表現に幅をもたせることとなる。Ⅳ、Ⅱそれぞれの転回形や七の和音、準固有和音などに加えて$\tilde{V}$の各種転回形、その七の和音や九の和音の転回形や根音省略形、準固有和音などと、終止形が使用される音楽のフレーズの"終わり"の部分の「終わり方」が豊富になることがすなわち多彩な音楽表現を生むことにつながる。ベートーヴェンのピアノ・ソナタ「月光」終楽章の後半（第163小節以降）で、疾走するようなすさまじい動きのフレーズの最後にある$\tilde{V}$や属九の和音の根音省略形（減七の和音）が持つ、あたかも行方を失いかけるような不安な終止感が、このフレーズの強い表現を感じさせる例と言えよう。

ベートーヴェン　ピアノ・ソナタ第14番「月光」　第3楽章

課題 23 ハ長調

第4部 ドッペルドミナント

課題 24 さまざまな長調

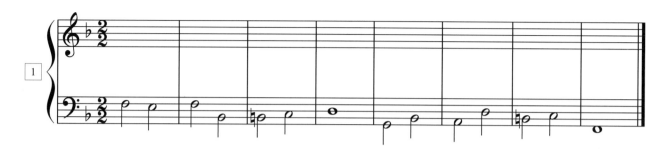

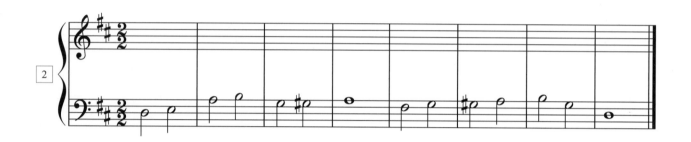

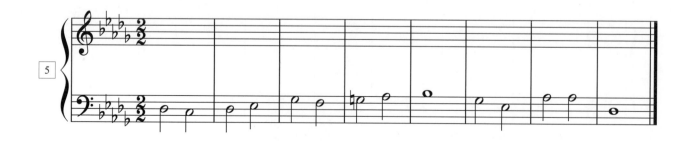

課題 25 さまざまな短調

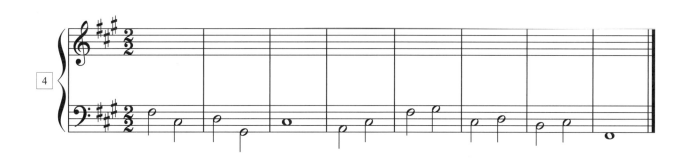

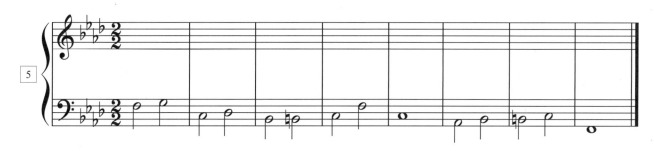

第4部 ドッペルドミナント

第2転回形、第3転回形、および下方変位を含む連結

🎼 第2転回形

◆配 置

すべての構成音を用いた配置を使用する。第5音高位以外のすべての高音位を用い、配分に制限はない。なお、三和音の［2転］は用いないので、七の和音の配置例を記す。

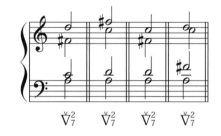

◆連 結

原則としてV、V_7、もしくはI^2Vに進行する。Vへ進行した例を記す（1）。

後続和音をV_7としたい場合は、［基］と同様に第3音を増1度進行して後続和音の第7音とする（2）。

後続和音をI^2Vとしたい場合も［基］と同様で、第7音を保留する（3）。

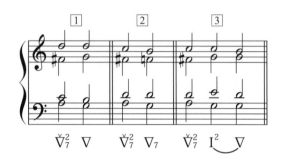

◆根音省略形

先行和音から$\overset{\vee}{V_7}$への連結では低音4度が生じやすいので、しばしば根音省略形が用いられる。

$\overset{\vee}{V_7^2}$では第7音を重複して配置する。配置例を記す。

重複した第7音は一方を下行させ、もう一方を上行させる。根音省略形を用いて低音4度を回避する例を示す。

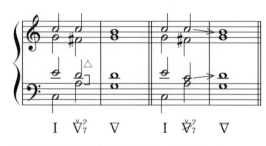

第7音を上行させるときは連続5度に注意すること。

第7音を重複してI^2Vへ進行する際は、一方を保留し、もう一方を3度上行させる。

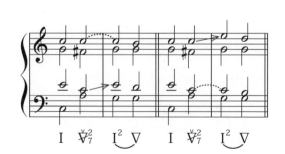

🎼 第3転回形

◆配 置

すべての構成音を用いた配置を使用する。第7音高位以外のすべての高音位を用い、配分に制限はない。密集配分における配置の例を記す。

◆連 結

後続和音はV諸和音の［1転］となる。前述の配置がV^1に進行した例を記す。

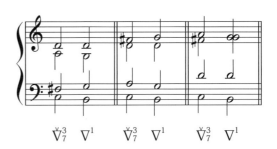

次に、第3音高位の$\overset{\lor}{\text{V}}{}^3_7$における連結例を示す（①②）。

後続和音を$\overset{\lor}{\text{V}}_7$としたい場合は、［基］と同様に第3音を増1度進行して後続和音の第7音とする（③）。

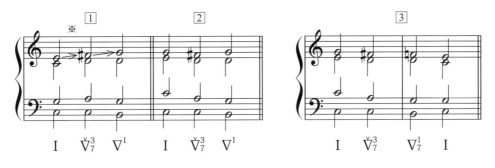

※ 外声がMi‐Fa♯と進行した場合、後続和音への進行で2度上行しなければならない（増1度進行は不可）。

🎼 第5音の下方変位

$\overset{\lor}{\text{V}}$諸和音は第5音を下方に変位して用いることがある。次に構成音と記号を記す。

3和音の形体（$\overset{\lor}{\text{V}}$）で用いることは少ない。

下方変位された第5音は下行限定進行音であり、連結に際して2度下行（①）、または保留する（②）。

◆配 置

下方変位された第5音と第3音が減3度（単音程）をなしてはならない（1 2）。
［基］および各転回形での配置例を記す（3〜6）。
［2転］では根音省略形も用いうる（7）。配置は下方変位していない和音と同様である。

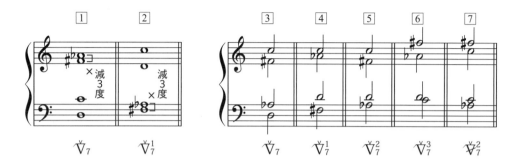

◆連 結

$\overset{\triangledown}{V}_7$は［2転］で用いられることが多い。その際、バスと第3音の関係が増6度となり、しばしば「**増6の和音**」と呼ばれる。

後続和音や連結方法は、原則として下方変位していない和音と同様である。ここでは［2転］、および［2転］の根音省略形について、配置とVへの連結例を記す。

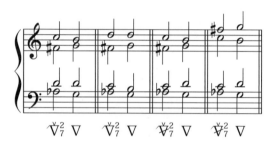

先行和音からの連結では対斜に注意すること（1）。なお、下方変位の場合はバスと根音が増4度となるため（3）、低音4度（2）は生じない。

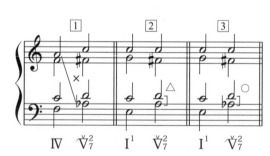

導入練習 11

《**配置の練習**》あらかじめ配置された音と和音設定から考えられる連結を書きなさい。　〈解答例〉

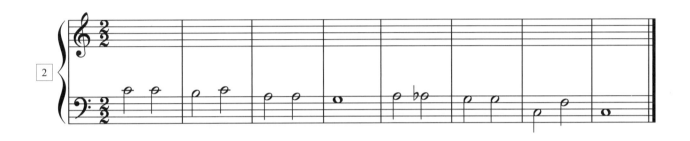

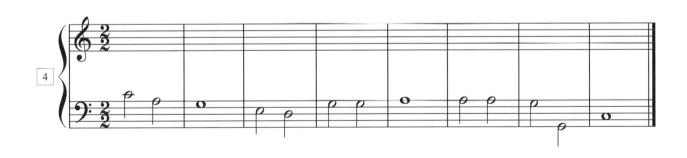

第4部　ドッペルドミナント

課題 27　さまざまな長調

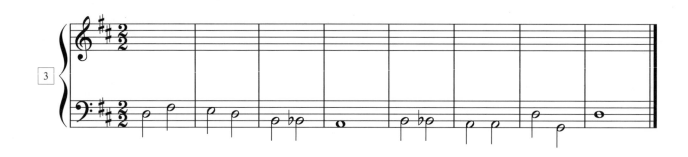

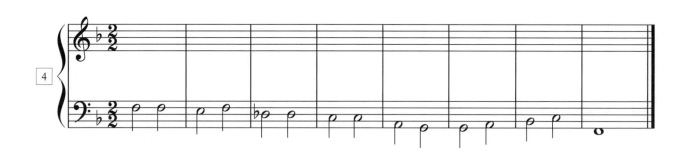

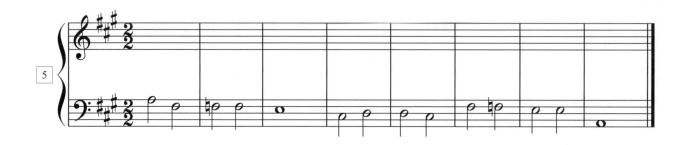

課題 28　さまざまな短調

第4部　ドッペルドミナント

九の和音とその準固有和音

V 諸和音は九の和音の形体でも用い（V_9）、また根音省略形も用いられる（$\mathrm{\widetilde{V}}_9$）。

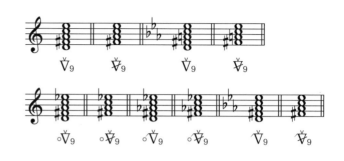

九の和音の形体では準固有和音（$\mathrm{{}^o V}_9$）や第5音の下方変位（$\mathrm{\underset{\smile}{V}}_9$）も用いられる。なお、長調での下方変位はほとんど常に準固有和音として用いられる。

配置

下記のように、配置の制限はV_9と同様である。詳細は24頁を参照すること。
1. 第9音は根音より9度以上上方に置かなければならない。
2. 長調の第9音は第3音より7度以上上方に置かなければならない。ただし第9音が予備されて到達する場合は下方に配置しても良い。なお、短調の第9音と第3音の関係に制限はない。

下方変位における配置の制限（第3音と下方変位第5音による減3度の禁止）は七の和音と同様である（60頁「配置」参照）。

連結

第9音があること以外、これまでと同様である。先行和音からの予備は不要だが、限定進行音が多いので注意して連結する。九の和音の形体による［基］および各転回形におけるいくつかの例を示す。

［基］［1転］の配置と連結
［基］はV_9と同様、第9音の配置上の制限が多いため、①、③のように第9音高位が多く用いられる。
［1転］では②、④のように、根音省略形が多く用いられ、また長調では準固有和音も用いられる。

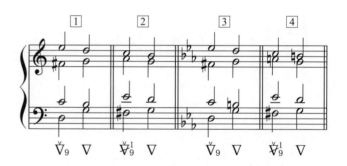

長調［2転］の配置と連結
［2転］では第9音の2度下行とバスの2度下行による連続5度（⑤）が生じやすい。⑥のように$\mathrm{I}^2\,\mathrm{V}$へ進行することで回避できる。
また［2転］では準固有和音がしばしば用いられるが、⑦のように下方変位も併用することがある。⑦の許容については65頁の「例外的な許容」を参照。

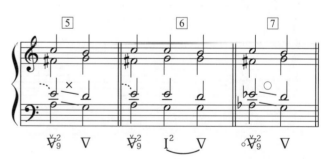

短調［2転］の配置と連結
長調と同様、⑧は連続5度が生じて不可であり、⑨のように回避できる。
短調の［2転］では下方変位がしばしば用いられ（⑩）、増6の和音を形作る。⑩の許容については65頁の「例外的な許容」を参照。

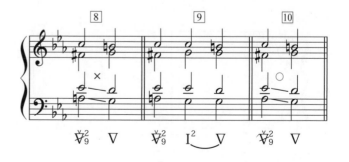

［3転］の配置と連結

［3転］では第3音高位をしばしば用いるが、11、13は連続5度が生じて不可となる。この場合、12、14のように第5音を増1度進行、または保留させ、後続のV_9諸和音の第9音とすることで連続を回避できる。

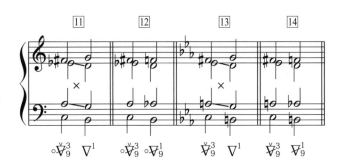

◆例外的な許容

短調の$°\!\!V_9^2$からVへの連結において、バスとテノールの間に生じる連続5度（①）は「**モーツァルトの5度**」と言われ、許容される（『総合和声』(132頁)に掲載される規則）。

先行和音から第9音高位の$°\!\!V_9^2$への連結において、外声間に形成される並達5度（③）は許容される。

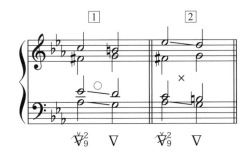

研究

次の譜例①、②の第7音上行は、すでに許容されている。ついては、$°\!\!V$諸和音は属調のV諸和音であるという原則から③、④の第7音上行も認められるべきだろう。

④の連結は『和声 理論と実習II』(53頁)にも『総合和声』(126頁)にも記載があり認められているが、③についての記載は見られない。

このように、理論書による違いを研究することもひとつの学習につながるだろう。独学であれば自分の耳で判断し、授業であれば教師の意見に耳を傾けるのも良い。

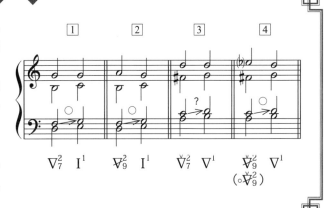

導入練習⑫

《**配置の練習**》あらかじめ配置された音と和音設定から考えられる連結を書きなさい。

〈解答例〉

第4部 ドッペルドミナント

課題 29　ハ長調

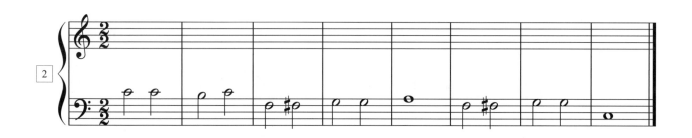

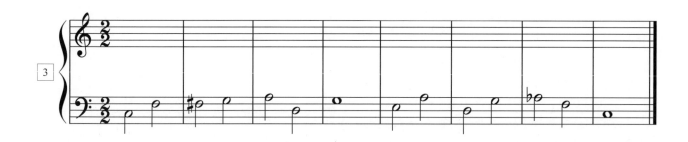

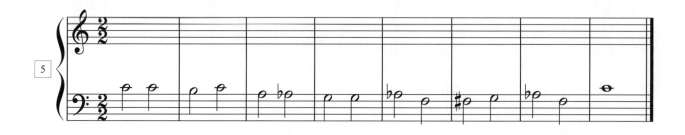

課題 30　さまざまな長調

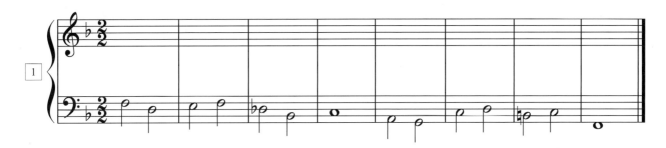

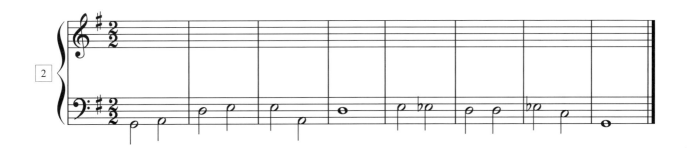

第4部　ドッペルドミナント

課題 31 さまざまな短調

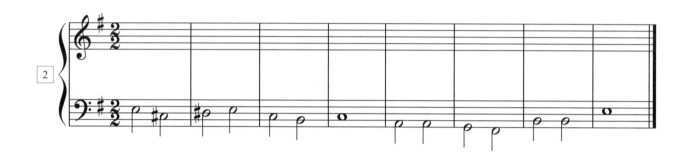

ソプラノ課題

ソプラノ課題の「課題実施の手順」(17頁など)と同様に実施するが、$\overset{\vee}{V}$諸和音が加わったことにより可能性が大きく広がった。

♪ [S]の設定

K2における[S]として、これまでⅣとⅡ(またはⅡ₇)を考慮すればよかった。連用も含め下記左の3通りである。$\overset{\vee}{V}$諸和音を含めると、下記右の7通りである。なお、ⅡにはⅡ₇も用いうる。

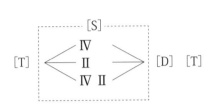 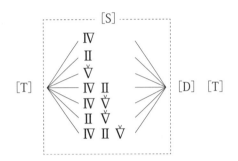

◆ $\overset{\vee}{V}$諸和音の列挙

右の一覧には響きが悪くあまり用いられないもの (例えば$\overset{\vee}{V}_9$など)もあるが、配置できないものはその旨を記した。
一覧で見るように短調で配置可能な形体は27通り、長調で配置可能な形体は、準固有和音を含めると36通りが考えられる。
また、後続のⅤ諸和音の種類は一覧から下方変位を除いた数(長調で22通り)であるから、$\overset{\vee}{V}$諸和音を含む連結の種類の豊富さは想像に難くない。

三和音	$\overset{\vee}{V}$	$\overset{\vee}{V}{}^1$		
七の和音	$\overset{\vee}{V}_7$	$\overset{\vee}{V}_7^1$	$\overset{\vee}{V}_7^2$	$\overset{\vee}{V}_7^3$
七の和音(根音省略形)	$\overset{\vee}{V}_7$	$\overset{\vee}{V}_7^1$	$\overset{\vee}{V}_7^2$	$\overset{\vee}{V}_7^3$
七の和音(下方変位)	$\overset{\vee}{V}_7$	$\overset{\vee}{V}_7^1$	$\overset{\vee}{V}_7^2$	$\overset{\vee}{V}_7^3$
七の和音(根音省略形+下方変位)	$\overset{\vee}{V}_7$	$\overset{\vee}{V}_7^1$	$\overset{\vee}{V}_7^2$	$\overset{\vee}{V}_7^3$
九の和音	$\overset{\vee}{V}_9$	$\overset{\vee}{V}_9^1$		$\overset{\vee}{V}_9^3$
九の和音(根音省略形)		$\overset{\vee}{V}_9^1$	$\overset{\vee}{V}_9^2$	$\overset{\vee}{V}_9^3$
九の和音(下方変位)=4声体で配置できない	~~$\overset{\vee}{V}_9$~~	~~$\overset{\vee}{V}_9^1$~~	~~$\overset{\vee}{V}_9^2$~~	~~$\overset{\vee}{V}_9^3$~~
九の和音(根音省略形+下方変位)		$\overset{\vee}{V}_9^1$	$\overset{\vee}{V}_9^2$	$\overset{\vee}{V}_9^3$

(網掛け部分:長調では準固有和音としても利用可能)

◆ コンピュータの活用

連結の種類が無尽蔵に存在する$\overset{\vee}{V}$諸和音だが、実際によく用いられるものは決して多くない。
連結を考えては音を出すという繰り返しによって経験が積まれるわけだが、採点システムを使用するなどして、構成音を少しずつ変化させながら音を確認すると良い。また楽譜上にいくつかの連結を書いて、鍵盤で弾くのもたいへん良い。

🎼 ソプラノ課題における V̌ 諸和音の分析

課題において V̌ 諸和音特有の音（Fa♯）が含まれていれば容易に判別可能だが（1 2）、そのような配置ばかりとも限らない。

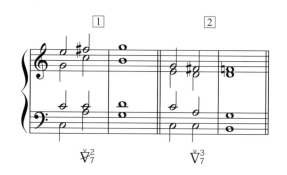

次に、ソプラノに Fa♯ を含まないものについて、従来の和音設定による連結と V̌ 諸和音を用いた和音設定による比較を記す。なお、前後の和音機能の関係によっては下記のように設定できない場合があるので、あくまでも一例である。

3 は II₇ を用いて連結した例だが、4 のように V̌₇¹ も用いうる。その他、IV→I→V なども考えられる。
5 のソプラノ、Re と Si の間の Do には ［T］ を設定できるが、6 のように ［S］ の可能性もある。
7 のソプラノ、Mi-Re-Do は V［2転］の定型を思わせるが、8 のように V̌₉ で用いる旋律でもある。
9 のソプラノ Fa-Mi にはバスの Si-Do を設定することが多いが、10 のように V̌₉¹ の可能性もある。

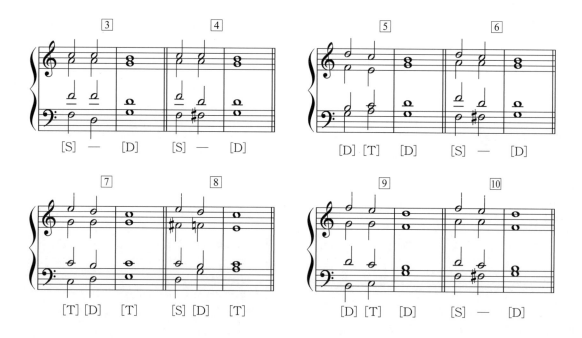

このように、［S］の連用の可能性や V̌ 諸和音の旋律線の多様性を考慮すると「後続音が Do, Mi, Sol のいずれかとなる Si, Re, Fa, Sol には［D］を設定できる」（『和声学課題集 I』42頁「課題実施の手順」）というように単純に決められないことがわかる。

右に、［S］が連用されない場合（11）と連用された場合（12）の連結例を示す。

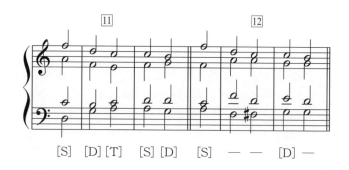

譜例にカデンツの分析を記したが、11 のように和音機能が短い区間で入れ替わり、カデンツが複合的につながる場合と、12 のように長い区間で和音機能が保持される場合がある。一般的に［S］を連用することで、長い区間の和音機能を保持できる。

カデンツは文章に倣って、短い文がつながってできた文章（11）と、長文による文章（12）とに例えられる。どちらが良いということではないが、現段階においては長文を書く工夫をすることが効果的な学習となるだろう。

導入練習 ⑬

《 配置の練習 》あらかじめ配置された音と和音設定から考えられる連結を書きなさい。

〈解答例〉

Mini column　増6の和音を多用しすぎると…

増6の和音には $\overset{\vee}{V}{}^2_7$（イタリアの6）、$\overset{\vee}{V}{}^2_7$（フランスの6）、$\overset{\vee}{V}{}^2_9$（ドイツの6）の3つの形態があるが、このうちよく見られるのが $\overset{\vee}{V}{}^2_7$ と $\overset{\vee}{V}{}^2_9$ である。

チャイコフスキーのピアノ曲「子供のアルバム」の「冬の朝」はh mollの調号がついているが最初の12小節間は全くh mollの香りはしない。冒頭はト調の $\overset{\vee}{V}{}^2_7$ から始まっているが、durかmollかはわからない。$\overset{\vee}{V}{}^2_7$ や $\overset{\vee}{V}{}^2_9$ は音符で表すと臨時記号が付いてちょっとややこしいが、響きは属七の和音と同じである。属七と同じ響きがするのに、後続和音への進行がトニックへ解決する進行ではないから常に狐につままれたような印象を聴き手に与える。とらえどころのない、とでもいうべきか。16小節の序奏が終わるとやっとh mollの主題が現れるが最初の小節で主和音が鳴った次の瞬間、ハ調の属七の響きがする。譜面にはh-d-g-eisの4つの音が2分音符で書かれているので $\overset{\vee}{V}{}^3_9$ なのだが、やはり意表を突かれた印象を受ける。上記の和音でgが低音に置かれるとドイツの6になる。主題が提示された後11小節目にその響きが聞こえる。この曲は64小節でできているが、前半32小節のうち14小節で $\overset{\vee}{V}{}^2_7$、$\overset{\vee}{V}{}^2_9$ が鳴る。h mollの属七の和音が響くのは2小節だけなのに。

$\overset{\vee}{V}{}^2_7$、$\overset{\vee}{V}{}^2_9$ は多用しすぎるとまことに不思議な音楽になってしまうようだ。

チャイコフスキー 「子供のアルバム」より「冬の朝」

第4部　ドッペルドミナント

課題 32　ハ長調

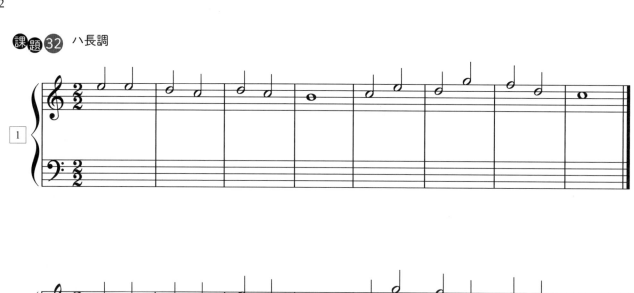

課題 33　さまざまな長調

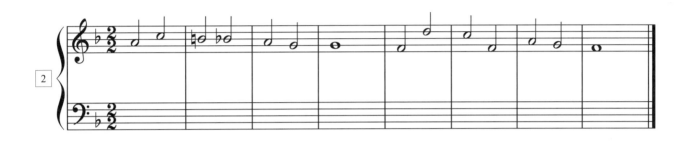

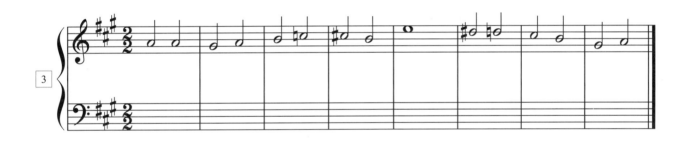

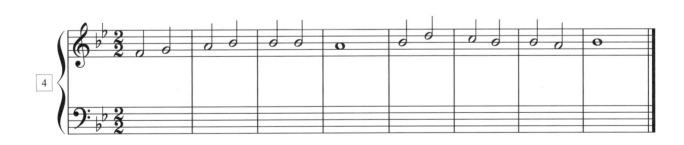

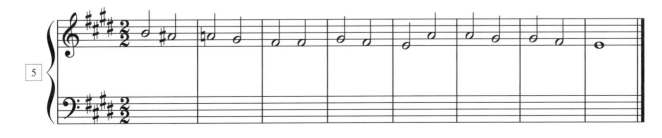

第4部　ドッペルドミナント

課題 34 さまざまな短調

第5部

その他の和音

副七の和音

音階の各音度上にできる七の和音のうち、V_7を「**主要七の和音**」といい、それ以外の七の和音を「**副七の和音**」という。

副七の和音は先行和音から第7音の予備が必要であり、また第7音は下行限定進行音となる。すでに扱った副七の和音であるII_7と同様である。

和音機能は三和音の［基］と同じであり、第7音の予備が可能であれば、使用できる箇所も原則的に同じである。

◆転回形

II_7と同様に［基］以外にも各転回形を用いうる。その際、［2転］における低音4度、［3転］におけるバス（第7音）の予備、そして第7音の2度下行と根音の3度下行による並達8度などに配慮を要する。

三和音の［2転］は定型のなかでのみ用いることができたが、七の和音の［2転］は定型外で用いうる。前述のとおり低音4度への配慮は必要だが、有用である。

◆構成音

II_7と同様に、［基］の場合はすべての構成音を用いるか、第5音を省略して根音を重複した形を用いる。［1転］［2転］［3転］はすべての構成音を用いる。

IV_7の和音

K2（［T］［S］［D］［T］）の［S］においてIVを用いることが可能なところへ設定できる。ハ長調での用例を記す。

［基］［1転］についてIVを使用した場合との対比を①〜④に示す。⌢ は保留、→ は限定進行を示す。

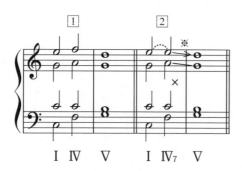

⑤は［2転］、⑥は［3転］の連結例である。
第3音より上方に第7音を配置してV諸和音へ進行した場合（②⑤の※印）、連続5度を生じやすい。⑦⑧のように回避できる。

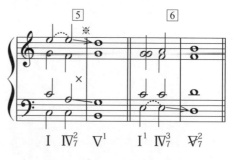

※低音4度の予備

◆短　調

長調の場合とほぼ同じだが、La - Si のパートが含まれる場合は増2度進行を伴うため不可となる。

𝄞 I_7 の和音

Ⅴ諸和音の後続和音としてI_7を用いることができる。ただし全終止には用いられない。次にⅤ諸和音からI_7へ進行し、さらに［S］へ進行した例を示す。連結に際し、先行和音の導音を主音に進行させず、予備する。

譜例にあるようにI_7を用いる場合、副七の和音を連用するのが音楽的に自然な場合が多い。

$V_7\ I_7\ II_7^3\quad V_7^3\ I_7^1\ IV_7^3\quad V_7\ I_7^2\ IV_7\quad V_7^1\ I_7^3\ IV_7^1$

※低音4度の予備

◆短　調

短調のI_7の構成音は、自然短音階上の七の和音（Do-Mi♭-Sol-Si♭）を用いる。先行するⅤ諸和音のvii音（Si♭）を半音高めずに用い（$-V_7$）、I_7の第7音として予備する。

自然短音階を用いた和声連結に関しては『和声 理論と実習 Ⅲ』の第6章「和音の補遺」～第7章「反復進行」、『総合和声』実技篇の第8章「反復進行」に詳しく記されている。

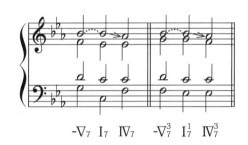

$-V_7\ I_7\ IV_7\quad -V_7^3\ I_7^1\ IV_7^3$

𝄞 VI_7 の和音

先行和音に属音が含まれ、かつⅥを用いることができる場合に設定できる。ただし偽終止には用いられない。［基］および各転回形の用例を挙げる。

$V_7\ VI_7\ V_7^1\ I\quad I^1\ VI_7^1\ V_7^2\ I^1\quad I^1\ VI_7^2\ V_7^2\ I\quad V_7\ VI_7^3\ II_7^1\ °V_9^3$

※低音4度の予備

◆短　調

長調の場合とほぼ同じだが、La - Si のパートが含まれる場合は増2度進行を伴うため不可となる。この増2度を解消するため、後述の$+IV_9$を用いることもできる。

ドリアのIV

短調においてIVの第3音を上方に変位して用いることがある。これを**ドリアのIV**といい、+IVと記す。七の和音、九の和音の形体でも用いられる。

ここでは+IV、+IV₇、+IV₉を取り上げる。

連結

+IVはK2([T][S][D][T])の[S]においてIVを用いることができ、かつ後続和音がV諸和音の場合に設定できる。なお、後続和音がI²Vの場合は設定できない。

いずれの形体においても第3音は上行限定進行音、第7音と第9音は下行限定進行音となる。

なお、+IVにおける七の和音、九の和音について、第7音の予備は不要である。

+IVの和音

◆配置・連結

配置はIVと同様である。第3音が上行限定進行音であることに注意を要する。

連結としては、例えば短調において①のような増2度を生じる場合、②のように+IVを用いて解消することができる。

このように、旋律的短音階の上行形を声部の動きとして用いたい場合、+IVは有用である。

次のように[1転]も用いうる。

+IV₇の和音

◆配置・連結

属七の和音の形体となるため、配置はV₇と同様である([基]以外はすべての構成音を用いるなど)。

連結では+IVと同様、旋律的短音階の活用に有用である。基本形、および各転回形での例を示す。

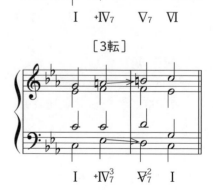

・+IV₇は配置によって連続5度や低音4度が生じやすく、後続のV諸和音に根音省略形を用いなければならない場合も生じる。
・+IV₇の修得には多くの研究が必要である。

⁺Ⅳ₉ の和音

短調のⅥ₇の根音を上方に変位させたものと考えることもでき、長調におけるⅥ₇の用例の旋律的短音階版として活用しうる。基本形での例を示す。転回形での活用については Ⅵ₇ の項目（77頁）を参照すること。

C: V₇ Ⅵ₇ Ⅴ⁷₇ Ⅰ   c: Ⅴ₇ ⁺Ⅳ¹₉ Ⅴ¹₇ Ⅰ

[D] [T] [D] [T] 分析① [D] [S] [D] [T]
　　　　　　　　　　　　分析② [D] ——————— [T]

◆ 和音機能

上記の譜例の連結について和音機能を分析すると、長調では問題ないが、短調において [D]→[S] の進行が見られる（分析①）。

この場合の ⁺Ⅳ¹₉ は、Ⅴ₇ から Ⅴ¹₇ へ配置を変化させるときに生じた経過和音（偶成和音の一種）として考え、[D] が延引されたと考える（分析②）。

このような用法においては、譜例の実線や点線が示すように順次進行や保留によって連結すべきである。

偶成和音に関しては『和声 理論と実習Ⅲ』の第8章「偶成和音」、『総合和声』実技篇の第9章「偶成・保続」に詳しく記されている。

導入練習 14

《配置の練習》あらかじめ配置された音と和音設定から考えられる連結を書きなさい。

〈解答例〉

Ⅰ Ⅴ₇ Ⅰ₇ Ⅳ²₇ Ⅱ³₇ Ⅴ¹₇ Ⅰ³₇ Ⅵ₇ Ⅳ¹₇ ○Ⅱ²₇ Ⅴ₇ Ⅰ

Ⅰ ⁺Ⅳ Ⅴ³₇ Ⅰ¹ ⁺Ⅳ³₇ Ⅴ²₇ Ⅰ ⁺Ⅳ₇ Ⅴ₉ Ⅰ ⁺Ⅳ₇ Ⅴ₇ Ⅰ

第5部　その他の和音

課題 35 さまざまな長調

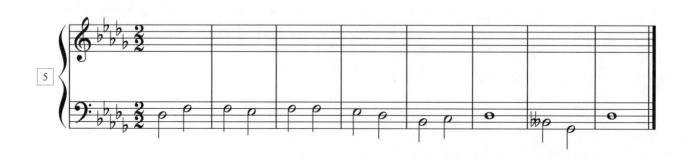

課題 36　さまざまな短調

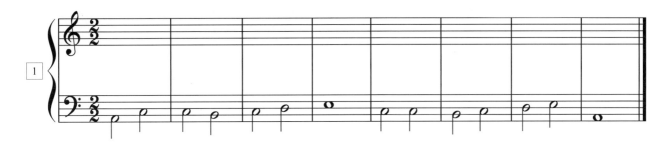

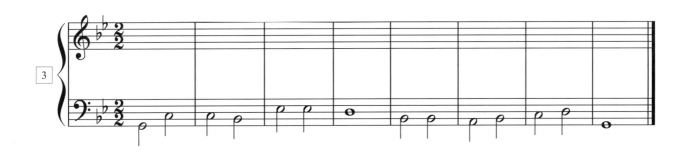

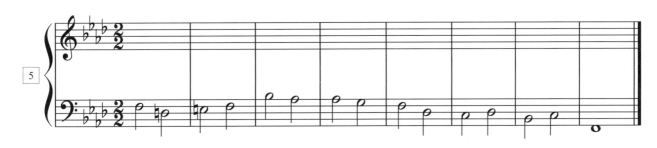

第5部　その他の和音

第6部

付録

さまざまな課題について

補 充 課 題

　本書の課題の量は充分だと思うが、すべて実施しても完全な理解に至らなかった場合、または多様な調で実施したい場合などに備え、すべての課題について同数の補充課題を提供する。なお、システムでの採点は補充課題を含めてすべての課題を実施できるので、併せてご利用いただきたい。

両 外 声 課 題

　両外声課題は初歩の段階でしばしば実施される。バスとソプラノの動きから4声体の配置、連結を検討して実施する。

両内声課題、アルト課題、テノール課題

　これらは通常実施されることはないが、本書では参考までに出題する。課題声部の動きから4声体の動きを想像して実施する。相当の力が付いたならば実施できるだろう。システムでの採点も可能なので、想像力を試す課題として実施すると良い。

> **両内声課題のポイント**
> 課題声部の2音、そして声部の進行方向から、和音の度数や配置は限られる。
>
> **アルト課題、テノール課題のポイント**
> 両内声課題に比べてヒントが少なく難しいが、「アルト（またはテノール）が、このような動きをするときは…」と経験を生かし、想像力を働かせて実施する。

補充課題 （II₇の和音）第2転回形、第3転回形を含む連結

【課題4】

【課題5】

【課題6】

補充課題 （II_7の和音）ソプラノ課題

【課題7】

【課題8】

【課題9】

補 充 課 題　（V_9の和音）長調のV_9

【課題10】

【課題11】

【課題12】

【課題16】

【課題17】

補充課題　（和音の変化）長調における変化、短調における変化、Ⅳの付加音

【課題18】

【課題19】

【課題20】

【課題21】

【課題25】

補充課題　（ドッペルドミナント）第2転回形、第3転回形、および下方変位を含む連結

【課題26】

【課題27】

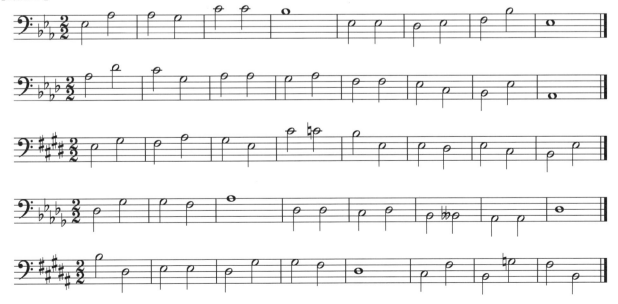

第6部　付録

【課題28】

補充課題 （ドッペルドミナント）九の和音とその準固有和音

【課題29】

【課題30】

さまざまな形態の課題 〈両外声課題〉

II₇（第1部）を用いて解答可能

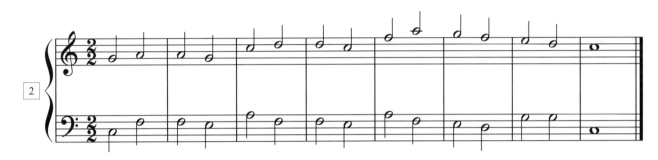

V₉（第2部）を用いて解答可能

準固有和音など（第3部）を用いて解答可能

ドッペルドミナント諸和音（第4部）を用いて解答可能

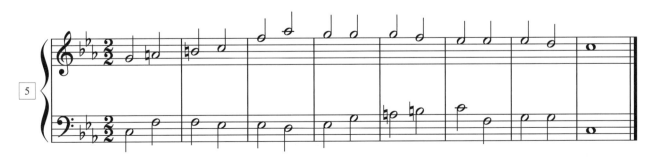

副七の和音など（第5部）を用いて解答可能

第6部 付 録

さまざまな形態の課題 〈両内声課題〉

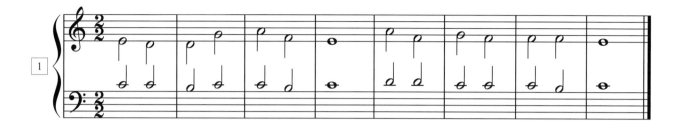

Ⅱ₇(第1部)を用いて解答可能

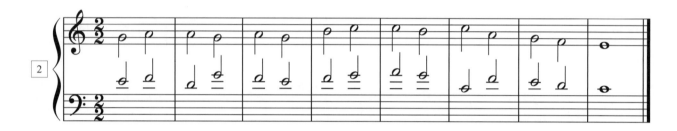

Ⅴ₉(第2部)を用いて解答可能

準固有和音など(第3部)を用いて解答可能

ドッペルドミナント諸和音(第4部)を用いて解答可能

副七の和音など(第5部)を用いて解答可能

さまざまな形態の課題 〈アルト課題〉

II₇（第1部）を用いて解答可能

V₉（第2部）を用いて解答可能

準固有和音など（第3部）を用いて解答可能

ドッペルドミナント諸和音（第4部）を用いて解答可能

副七の和音など（第5部）を用いて解答可能

第6部 付 録

さまざまな形態の課題 〈テノール課題〉

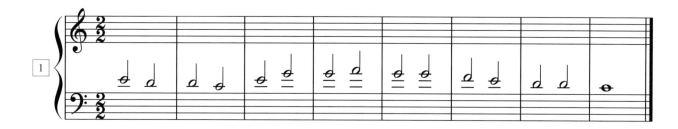

II₇（第1部）を用いて解答可能

V₉（第2部）を用いて解答可能

準固有和音など（第3部）を用いて解答可能

ドッペルドミナント諸和音（第4部）を用いて解答可能

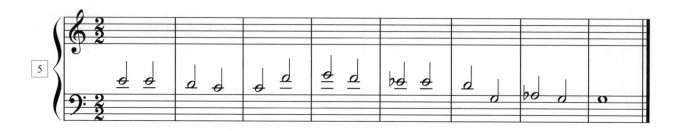

副七の和音など（第5部）を用いて解答可能

索 引

【キ】

九の和音　　　　　　　　24, 64, 78

【ク】

偶成和音　　　　　　　　79

【ケ】

経過和音　　　　　　　　79

【コ】

固有和音　　　　　　　　40

根音省略形（$\overset{\vee}{V}_7$）　　　52, 58

根音省略形（$\overset{\vee}{V}_7$）　　　60

根音省略形（$\overset{\vee}{V}_9$）　　　64

【シ】

主要七の和音　　　　　　76

準固有和音　　　　　　　40, 64, 69

【ソ】

増1度進行　　　　　40, 52, 58, 59, 65

増2度進行　　　　　　　　53, 77

増6の和音　　　　　　　　60, 64

【タ】

第9音　　　　24-27, 32, 40, 64, 65, 78

第9音高位　　　　　　　　26, 64, 65

対斜　　　　　　　　40, 42, 53, 60

【テ】

低音2度　　　　　　　　　53

低音4度　　　　　　　　　13, 58, 60, 76

転入　　　　　　　　　　　40

【ナ】

ナポリのII　　　　　　　　42

【ヒ】

ピカルディーの3度　　　　42

【フ】

付加第4音　　　　　　　　44

付加第6音　　　　　　　　44

【ヘ】

並達9度　　　　　　　　　25

【モ】

モーツァルトの5度　　　　65

【リ】

離脱　　　　　　　　　　　40

【和音記号】

I_7の和音　　　　　　　　77

IV_7の和音　　　　　　　76

VI_7の和音　　　　　　　77, 79

共著者より

佐藤 昌弘

　和声学の課題の実施において、規則にのっとり正しい解答を作成しなくてはならないことはもちろんですが、しかしそれが最終目標なのではありません。理論的に正しいだけでなく美しく響く解答を作成すること、いわゆる音楽的な解答に仕上げることが本当の目標です。美しく響く解答を完成させるためには作成してみた解答を実際にピアノで弾き、その響きを自らの耳でよく聴きながら和音の配置、和声進行を推敲することが肝心です。また和声学の学習で効果的なことの一つとして、優れた模範解答をよく弾くことが挙げられます。このように、学習者は是非とも、和声学を机上の理論でなく、生きた音楽としてとらえ、学んでいただきたいと願っています。

久行 敏彦

　本書で扱う和音は古典派・ロマン派の名曲に用いられている和音のほぼすべてを網羅します。『和声学課題集Ⅰ』で学習したⅤやⅤ₇の和音はいわば調性を決定づけるものであったのに対し、Ⅴ₉や他のサブドミナント系の和音は、音楽に彩を加えるものです。古今の作曲家たちがこれらの和音をどのように愛し、用いたかというところに彼らの個性が表れるといっても過言ではありません。また、これらの和音の正格な書法を学習することで、いかに多くの作曲家たちがオーソドックスな書式を身につけたうえで、規則の枠からはみ出した面白さや、天才にしか思いつかない楽想を私たちにプレゼントしてくれているかを味わえます。これは和声学を真摯に学習した人だけがあずかれる恩恵です。和声学を修めることは音楽に対する理解をより広く、深いものにしてくれるということを心の糧に学習に臨んでください。

山田 武彦

　厳格な和声学の書法は西洋音楽の歴史的作品のなかから抽出したモデル、いわば架空のサンプルであって、その扱いに極めて注意を払わないと本来的な音楽の美しさから遠ざかるものになると指摘されることがあります。わたくしはこの戒めを念頭に置きつつも、抽出された"学習的書法"の日頃の訓練のなかに常に音楽的な欲求を満たそうと努力することと、元来の本質的な興味である"ほんとうの音楽家の作品"を読むことの両方を大切にしたいです。もしも和声学の「禁則」が大作曲家の曲から見つかったとき、(見つけ出すこと自体も興味深いし)それがもたらす音楽的な感興が、音楽に対する愛情と、自分の和声学の学習との両方を豊かにすると信じています。いくつもの和声の"ことば"を早く覚えて、もっと音楽が好きになるよう努力していきたいと考えています。

著者略歴

清水昭夫（しみず・あきお）／執筆責任
東京藝術大学音楽学部作曲科卒業。同大学院音楽研究科修了。学内にて長谷川賞を受賞。第19回日本交響楽振興財団作曲賞入選、第23回日本交響楽振興財団作曲賞入選、作曲奨励賞受賞。現在、洗足学園音楽大学教授、同大学作曲コースアカデミック・プロデューサー、同大学オンラインスクール校長、ヤマハマスタークラス講師。

佐藤昌弘（さとう・まさひろ）
東京藝術大学音楽学部作曲科を首席卒業。同大学院音楽研究科修士課程修了。第12回および第20回日本交響楽振興財団作曲賞入選、第61回日本音楽コンクール作曲部門第3位受賞（1位なし）、第1回芥川作曲賞ファイナリスト。現在、洗足学園音楽大学教授、同大学音楽教育コースアカデミック・プロデューサー。日本現代音楽協会理事。

久行敏彦（ひさゆき・としひこ）
東京藝術大学音楽学部作曲科卒業。同大学院音楽研究科修了。神奈川県芸術祭合唱曲作曲コンクール第3位入賞。第15回日本交響楽振興財団作曲賞入選。第63回日本音楽コンクール第2位受賞。第6回朝日作曲賞入選。第9回芥川作曲賞ファイナリスト。現在、洗足学園音楽大学教授、東京音楽大学、ヤマハマスタークラス講師。

山田武彦（やまだ・たけひこ）
東京藝術大学大学院音楽研究科修了。1993年フランス政府給費留学生としてパリ国立高等音楽院ピアノ伴奏科を首席卒業。現在洗足学園音楽大学教授、東京音楽大学非常勤講師を務める。全日本ピアノ指導者協会正会員、日本ソルフェージュ研究協議会理事、日本ピアノ教育連盟会員。

ネットで採点 和声学課題集 II

2018年4月10日　第1刷発行
2024年1月31日　第3刷発行

著　者　　清水 昭夫（執筆責任）
　　　　　佐藤 昌弘
　　　　　久行 敏彦
　　　　　山田 武彦

発行者　　時枝 正

発行所　　株式会社 音楽之友社
　　　　　〒162-8716 東京都新宿区神楽坂6-30
　　　　　電話03（3235）2111（代）
　　　　　振替00170-4-196250
　　　　　https://www.ongakunotomo.co.jp/

装丁・組版　中島 慶章
印　刷　　錦明印刷
製　本　　誠幸堂

©2018 by Akio Shimizu, Masahiro Sato, Toshihiko Hisayuki, Takehiko Yamada
落丁本・乱丁本はお取替いたします。
Printed in Japan

ISBN978-4-276-10244-6　C1073

本書の全部または一部のコピー、スキャン、デジタル化等の無断複製は著作権法上での例外を除き禁じられています。また、購入者以外の代行業者等、第三者による本書のスキャンやデジタル化は、たとえ個人や家庭内での利用であっても著作権法上認められておりません。